運も縁も引き寄せる言葉の魔法

沼尾ひろ子

HIROKO NUMAO

まえがき

本書にお手に取っていただき、ありがとうございます。私はアナウンサーとして働く中で、失語症になった経験があります。「言葉を扱うプロ」として誇りを持って働いてきた私にとって「言葉が出てこなくなる・分からなくなる」失語症の症状に悩まされていた時期は、本当に辛く、絶望的な気分でした。幸いにもリハビリなどを経て、周囲の皆様や家族の理解と協力も得られ、私は再びアナウンサーとして言葉を扱う仕事に復帰することができました。復帰する前は不安で仕方ありませんでしたが、何よりも大好きなアナウンサーという仕事ができる「私の居場所」に戻って来られたことが嬉しくて、やっぱりこの仕事でなければ、ここでなければダメなんだ、と強く実感しました。

私のことを想い、良かれと「無理に復帰しなくてもいいんだよ」と言ってくれた人もいました。それでも、私がアナウンサーとしての仕事に戻った理由は、「言葉で伝えること」が私を魅了し続け、その大切さを身に沁みて感じていたからです。

昨今、「誹謗中傷」という言葉の暴力により傷つき、自ら命を絶ってしまった有名人の方のニュースを耳にすることが増えてきました。また、若者のみならず現代を生きる全ての人々において、言葉によるコミュニケーションの希薄化が目立っているとも感じています。

人間関係を築くためにはコミュニケーションが不可欠です。コミュニケーションには、言葉を介して意思疎通を行う「バーバルコミュニケーション」と、言葉を介さずに仕草や表情で意志を伝え合う「ノンバーバルコミュニケーション」がありますが、どちらも非常に重要です。つまり、コミュニケーションを取る上で、言葉は欠かせないものとなるわけです。

夫婦関係が上手くいかない、部下にどう接したらいいか分からない、友人とケンカしてから仲直りできない、など、人間関係の悩みの中には、「言葉」で解決できるものもあります。言葉が足りない、あるいは言葉の選び方が分からない、言葉の引き出しが無い、といった理由で、自分が本当に伝えたいことが相手に伝わらないことが原因で人間関係が上手くいっていないこともあります。

失語症となり、言葉の尊さを痛感した私だからこそ、病気になる前にも増して言葉を大事にするようになりましたし、言葉に敏感になりました。

もともと言葉のプロであった私が、さらに言葉を磨くようになり、「もっとたくさんの人が上手に言葉を使えるようになれば、世の中はもっともっと優しく、温かく、良いものになるのに」と考えるようになりました。その考えから生まれたのが本書です。


本書では、「言葉ひとつで自分も相手も変わる」こと、そして「自分自身が変われば良き縁や幸運も引き寄せられる」ということを、伝えられたら幸いです。

言葉を変えるためには、まずはマインドチェンジといって、「考え方」を変える必要があります。考え方を変えるためには「見方」を変える必要があります。その手順や、考え方について具体的に解説していきます。また、具体的なシーンを想定し、「こういうときはどうやって伝えたらいいのか」といった点についても解説しました。

人間関係が上手くいかない、自分の気持ちが伝わらない、と悩む全ての方に読んでいただき、そして実践していただきたいです。
ぜひ、最後までお読みください。

沼尾ひろ子

目次

第二章 言葉を変えれば何もかもが変わる!?

第三章 言葉の魔法を使いこなす

第1章

「言葉」の壁がそびえ立つ現代社会

言葉

・現代の「言葉事情」

当たり前のようにインターネットが生活の一部となり、ＳＮＳが普及し、多くの人がスマートフォンを持つ現代。テレビは持たずにネットニュースで社会情勢や事件などの情報を収集し、旅行雑誌ではなくインスタグラムで旅行先のおすすめ情報を探し、ＣＤではなくストリーミングで音楽を楽しむ、そんな時代になりました。最近ではメールすら廃れ気味で、ビジネスでもプライベートでもチャットアプリを使う人が増えていると聞きました。

一昔前までは信じられないことですが、時代はどんどん変わっていきます。変わりゆく時代の中で、現代の「言葉事情」とはどのようなものか、「受け取る側」と「発信する側」それぞれの観点で見ていきましょう。

まず、「受け取る側」の観点から見ていくと、溢れる言葉の渦、情報の渦の中で、いかにして正しい情報を取捨選択するか、自分にとって必要な情報を取捨選択するか、という点が問われていると思います。

小さな電話を持っていれば、どんな情報も手に入れられるというくらい、情報が溢れかえる中で、いわゆる「情報リテラシー」や「ネットリテラシー」というものが必要とされています。「リテラシー」とは、本来は「読解記述力」つまり読み書きの能力のことを意味する言葉なのですが、「情報リテラシー」や「ネットリテラシー」という言葉においては「情報やネットの知識や能力を活用する力」という意味になります。つまり、情報とはこういうものだよ、インターネットとはこういうものだよ、という知識があり、その知識を用いて情報やインターネットを正しく活用する能力ということになります。

「言葉を受け取る側」のリテラシーとして最も重要なことは「その情報、本当に正しいの？」とまずは疑ってかかることです。溢れかえる情報の中には、誤った情報や、一部のみ誇張されている情報が多数あります。例えば記者会見の一場面だけを切り取り、ＳＮＳで拡散し、その前後を排除した状態で糾弾する、というシーンはよく目にします。前後の言葉もしっかりと聞けば誤解なく正しく理解できるのに、「その部分」を聞いただけで「この人はこういう考えなのか」と勘違いし、〝叩く〟という現状が起こるわけです。こういった「切り取り」だけでなく、いわゆる「釣り」のタイトルで事実無根の事件を「あたかも起こったかのように」書いた記事や、フェイクニュースなど、世の中には実に多くの「嘘」が溢れています。

こういった「嘘」を見抜くためには、まず疑うこと、そして出どころ（ソース）はどこなのか確認すること、他の記事やニュースもチェックすることなどが大切です。パッと目に入った言葉を鵜呑みにせず、慎重に見極めることが求められる時代となったのです。

「発信する側」の言葉としては、自分の口で話すこと（会話やスピーチ、プレゼンなど）、メールやチャットなど、そしてSNSへのコメントなど、あらゆる言葉が上げられます。

スマートフォンが当たり前のように日常に浸透したことにより、連絡ツールは

ＬＩＮＥなどのチャットツールが用いられるようになりました。短文のやりとりに適したチャットを日常的に用いるようになったことから、短い文章をポンポンと送り合うやりとりが増えました。「了解」を「りょ」に短縮したり、スタンプだけで返事を済ませたりすることが当たり前となり、「文章を構築して相手に伝える」機会が減少しています。ビジネスにおいても、メールよりもチャットが主流となり、短いやりとりでスピーディーにやりとりを進めていくことで、やはり「ある程度長い文章で伝える」機会がどんどん減っています。

また、誰もがスマートフォンに夢中になる中で、同じ空間内にいる家族観でも、それぞれがスマホを見ていて会話がない、といったシーンも当たり前になり、そもそもの「会話量」が減っている傾向にあるように思います。リアルの会話も減り、チャットでのやりとりは簡易化し、文章を作り出す力、文章で伝える力が落ちてきているように感じるのです。

さらに象徴的なものがインターネット上の誹謗中傷です。いわゆる「アンチコメント」というものが殺到し、炎上したことで、誹謗中傷を受けた本人が心を痛めて自らの命を絶ってしまうという事件も報道されました。このような「ネットリンチ」や「炎上」は決して少なくなく、SNSの投稿のコメント欄を覗いてみると、毎日のように心無いコメントを目にします。言葉で伝える力が低下した人が、さらに「顔が見えない（＝存在をリアルに実感できない・自分との関係性が構築されていない）」相手となると、さらに粗暴で酷い言葉を何の罪悪感もなく浴びせてしまうのでしょう。

現代を生きる日本人は、言葉を受け取る側も、言葉を発信する側も、このような問題を抱えています。もちろん全ての人ではありませんが、言葉を正しく扱えなくなっている人が増えているように思うことが増えました。

・なぜ現代人は言葉コミュニケーションが苦手なのか

現代人が言葉によるコミュニケーションが苦手になっている背景については前述した通りですが、「言葉」だけでないところにも要因があると考えています。

それは最近の発信の主流が「動画」、特に「ショート動画」になりつつあることです。

主流となるSNSは、文字投稿を主とするフェイスブックから、写真投稿メインのインスタグラム、そして動画、特に短い動画を投稿するティックトックへと若い世代を中心に移行しています。多くの人が動画視聴を楽しむユーチューブでも、最近はショート動画が多く公開されるようになり、ユーチューバーの多くの方がこぞってショート動画の作成に勤しんでいます。

ただの活字が並ぶ「文字」よりも、写真やイラストなどの「画像」の方がパッと見て情報が入ってきます。さらに、その画像が動きをもって音声も流れる「動画」となれば、得られる情報量は格段に上がります。しかし、長すぎるのはいけません。現代人はとにかく「タイパ」すなわち「タイムパフォーマンス」を重視します。動画や映画を倍速で視聴したり、映画や漫画の結末だけ先に知りたがったり、時間をかけずに効率よく知りたい情報をえたがる傾向にあります。ヒットソングにもその傾向が出ていて、最近は前奏もなくいきなりサビから始まる曲が増えています。動画で拡散するにあたり、最初の何秒かに「メインディッシュ」あるいは「クライマックス」を再生できるようにしているという意図もあるのかもしれません。いずれにせよ、現代人はとにかく「先に結論を」と言わんばかりに「短時間で効率的に情報を得る」ことを求めているのです。

なぜそうなってしまったのか。前述した「情報過多」な時代背景が影響を与えていると、私は考えます。現代社会はとにかく情報量が多く、あらゆる情報、エンターテイメントが飽和状態となっています。これらを全てじっくり見ていくと時間はとても足りません。だからこそ、「短時間で効率的に」ということが重要になってくるのです。

画像や動画で情報収集することで、新聞や雑誌、書籍などの「文章を読む」ことが減っている現代の日本人は、言葉を読むこと、言葉だけから意味・意図・感情などを読み取ることが苦手になっているように思います。読み取ることが苦手だと、当然「伝える」ことも苦手になります。自分の気持ちや、伝えたいことを、上手に言葉で伝えられないもどかしさを抱えながら、人間関係に悩むという事態に陥ってしまうのです。

言葉を使いこなせる人が減少したことで、言葉は「自分と相手をつなぐ架け橋」から「自分と相手の間にそびえ立つ壁」になってしまったのではないでしょうか。

・〝違い〟から生まれる言葉の壁

よく「Z世代は」とか、「男は〜」とか、「おばさんは〜」とか、そういった言葉を耳にしますが、これは「自分とは異なる立場の相手への理解不足」から発生するものです。

立場や世代が異なる相手は、自分とは当然異なる考え方や価値観を持っています。

妻と夫（性別）、上司と部下（立場）、親と子（年齢）、生徒と教師（年齢や立場）など、立場や世代が違うと、相手が何を考えているのか分からない、自分の気持ちが伝わらない、と悩みやすくなります。愛をもって言葉かけをしているつもりが、相手を怒らせてしまったり、関係がこじれてしまったり、ということもよくあります。その要因のひとつが「言葉」なのです。

自分が相手に伝えたいことを、「相手が受け取りたい言葉」ではなく「自分が言いたい言葉」で伝えてしまうと、相手に真意が伝わらずにトラブルになってしまいます。この「立場や世代の違いから生まれる言葉の壁」は、言葉そのもので乗り越えることができます。

この方法については、本書で詳しく解説していきます。立場や世代が異なる相手であっても、円満な関係を築いていける「言葉」をまとめましたので、ぜひご自身の人間関係に取り入れてみてください。

第2章

言葉を変えれば何もかもが変わる!?

言葉

・言葉が変わると心が変わる

言葉にはネガティブな言葉とポジティブな言葉があります。「言霊」という言葉があるように、言葉には魂が宿り、それが私たち人間の魂や心、気持ちにも影響を及ぼすとされています。ネガティブな言葉にはネガティブな言霊が宿り、ポジティブな言葉にはポジティブな言霊が宿ります。

目にする言葉、耳にする言葉、口にする言葉、それぞれがポジティブなものであれば、自然と心もポジティブになっていきます。目にする言葉や耳にする言葉は自分では選べない部分もあります。（もちろん、環境を選んだり、情報を取捨選択したりすることである程度コントロールできますが……）しかし、口にする言葉は全て自分でコントロールできます。自らの口から発する言葉を変えることで、自分自身の心も変えていけるのです。

具体的な例で説明していきましょう。

例えば「小さい子どもを育てているから、思う存分仕事ができない」という言葉を口にしたくなったとしましょう。この「できない」はネガティブな言葉となります。そして、残念ながら、この「思う存分仕事ができない」という事実は、自分だけでは変えられません。この事実を変えるためには、例えば延長保育を利用したり、親戚や知人を頼ったり、と周りの力が必須となります。もちろん、「仕事ができない」という現状を変えるために、行動することも良いでしょう。誰かの力を頼って、仕事の時間を確保できれば、それが一番良い解決法となるかもしれません。しかし、こういった環境が整っていない現状で、子育てと仕事のバランスに悩んでいる方がほとんどなのではないでしょうか。そうなると「思う存分仕事ができない」という事実は変えられません。

繰り返し、繰り返し、この言葉を発していると、心までどんどんネガティブになっていきます。「小さい子どもを育てているから、思う存分仕事ができない」という事実を口にするだけで「どうして自分ばっかかり（夫、あるいは妻は自分に育児を任せて存分に働けているのに）」や「なぜ、こんなに熱ばかり出すの？（子どもが体調不良になったときに子どもより仕事の心配をしてしまう)」など、それに付随するあらゆる問題や不満も湧き出してきます。そしてそれを口にする度に、心がどんどんネガティブになっていきます。最悪の場合、被害意識が強くなり、あたかも自分が悲劇の主人公になったかのように「なんでこんな目に」とか「こんなはずじゃなかった」とか、人生そのものを後悔することにまで至ってしまいます。もっと悪くなると、その原因が他人にあると認識し「こんな人と結婚するんじゃなかった」とか「こんな辛い思いをするのは全部上司のせいだ」とか、そんな風に思い、人間関係も壊してしまいかねない状況に陥ってしまう可能性もあります。

では、どうしたらいいのか。

ここで実践したいのが「~だから、~できない」を「~だから、~できる」あるいは「~だから、~できないけれど、~できる」という言葉に変換することです。「小さい子どもを育てているから、思う存分仕事はできないけれど、かわいい我が子との時間が取れている。だから、焦らずに今の時期を楽しもう」「小さい子どもを育てているから、思う存分仕事はできないけれど、その分パートナーが頑張ってくれている。だから、感謝を忘れずにいよう」「小さい子どもを育てているから、子ども関連の商品開発に携わることができている」「小さい子どもを育てているから、それだけで社会貢献している。だから、今は仕事は控えめだけど、自分の自信を失わずに誇りをもって子育てしよう」など、どうにか思考を変換して、ポジティブな言葉で現状を表してみると、それだけで心の温度が変わってきます。

言葉を変えるためには、思考を変えなければなりません。機械的に言葉だけ変えても、心は変わりません。口に出す言葉をポジティブなものに変えるように思考の訓練をし、よく考えてから言葉を紡ぐことで、心も変わっていくのです。「訓練」という言葉を使いましたが、まさにそのイメージで、ポジティブな言葉を当たり前のよう使えるようになるには、習慣化することが鍵となります。日頃から、ポジティブな言葉で考え、ポジティブな言葉を口にする習慣を身に付けることで、言葉を変え、心を変えていくことができます。

他の例を挙げると、「仕事が忙しいから、好きなことをする時間が取れない」というネガティブな言葉は、「仕事が忙しいから、好きなことをする時間が取れないけれど、今頑張ればスキルアップして給料が上がる。十分な貯蓄ができたら転職してもっと自分の時間が取れる仕事にシフトチェンジしよう」「仕事が忙しいから、ゆくゆくは社内の無駄を削減してタイムパフォーマンスを上げられるようにしよう」など、前向きな思考にシフトチェンジできると、心が変わります。

どう頑張ってもポジティブな状況に捉えられないという場合は、その仕事は合っておらず、転職すべきというメッセージと捉えて、現状打破のために転職するのもひとつの方法です。

他にも、「どうせブスだから、何をやってもダメ」は「ブスだから、メイクを研究して容姿にコンプレックスがある人のためのメイクノウハウを発信しよう」など、「〜だから、〜できない」を「〜だから、〜できる」に変換する思考回路は何通りもあります。

常にポジティブであれ、というわけではありませんが、常にネガティブになってしまっていると自覚している場合は、自分が発するネガティブな言葉を、少しだけでもポジティブなものに変換してみてください。

・心が変わると行動が変わる

言葉を変えたことにより、心が変わると、行動が変わります。

前述した三つの例で「心→行動」の変化の例を挙げていきます。

「小さい子どもを育てているから、思う存分仕事ができない」というネガティブな言葉を「小さい子どもを育てているから、思う存分仕事はできないけれど、その分パートナーが頑張ってくれている。だから、感謝を忘れずにいよう」という思考に変換したことで、心に感謝の気持ちが生まれ、パートナーに日常的に「ありがとう」と言うようになります。すると、パートナーとの関係も円満になり、家庭内のストレスが減ります。例えば、「本当は自分ももっと働きたい」と願っていた場合、このように円満な家庭環境が築けていれば、パートナーに「自分ももっと働きたい」と伝えやすく、夫婦間でどのようなライフワークバランスを取っていくか相談しやすくなります。
これが「小さい子どもを育てているから、思う存分仕事ができない」というネガティブな言葉だけで終わってしまうと、パートナーへの不満ばかりが残り、自分自身は「どうせ子育てが終わるまでは無理」と決めつけてしまい諦めの気持ちしか生まれず、現状の不満を打開しようと行動することができなくなってしまいます。

「仕事が忙しいから、好きなことをする時間が取れない」というネガティブな言葉を、「仕事が忙しいから、ゆくゆくは社内の無駄を削減してタイムパフォーマンスを上げられるようにしよう」とポジティブ変換できた場合は、社内の無駄な時間の使い方などを洗い出したり、積極的に社内で意見を発信したりして、無駄の多い働き方を改善できるように行動できます。それが全て無視されるような会社であれば、見切りをつけて転職するという選択肢もありますし、それが受け入れられれば会社全体のパフォーマンスを上げることにも貢献できます。どのような結果になっても、行動したことによって、未来が変わることは間違いありません。

「どうせブスだから、何をやってもダメ」というネガティブな言葉を「ブスだから、メイクを研究して容姿にコンプレックスがある人のためのメイクノウハウを発信しよう」に変換できれば、やることは簡単です。ひたすらメイクの研究を重ね、それを発信するノウハウも身に付けるだけです。あとは行動あるのみ、となります。

行動を起こすには「動機」や「原動力」が必要です。その動機や原動力となるのが、まさに「言葉（思考）」なのです。

・行動が変わると物事が変わる

自分の行動が変わると、あらゆる物事が変わります。

具体的には、

・相手が変わる
・環境が変わる
・未来が変わる

など、自分の内側だけでなく、外側の物事も変わっていくのです。

子育て中で存分に仕事ができない人であれば、行動を変えることでパートナーの態度や考え方が変わり、夫婦で相談して納得いく落としどころを見つけていけるようになる、という点が「相手を変える」ことに繋がります。

仕事が忙しく自分の時間が取れない人であれば、行動を起こすことで、社内環境そのものを変えることができる可能性があります。

メイクを研究して発信することにした人は、その技術を知った多くの人の未来を変えること、そして自分自身の未来も変えることに繋がる可能性を秘めています。

・言葉を変えてポジティブスパイラルを作り出す

このように、思考を変え、口にする言葉を変え、行動を変えることで、あらゆる物事を変えられるようになります。

言葉を変えるためには、思考を変える必要がありますが、目に見えにくい「思考」を変えるためのツールとして「言葉」を使っていこう、というのが私の伝えたいことです。「ポジティブになりなさい」と言われても「どうやって?」と困ってしまいますよね? でも、「ポジティブな言葉を口にしなさい」と言われれば、具体的に実践しやすいはずです。自分の中でポジティブな言葉を探し、その言葉を積極的に使っていくことで、自然と思考もポジティブに変わっていきます。そして、思考、つまり心が変わることで、行動も変わっていきます。心がポジティブになっているため、行動力が上がりますし、その行動もどんどんポジティブな方へと向かっていける行動となります。

行動が伴うことで、自分自身の外側にも影響を与え、変えていくことができるようになります。「自分が変われば相手が変わる」というのは、本当にその通りで、相手を変えたいと思ったら、まず自分が変わること、そして変わったことを相手にちゃんと伝えることが大切です。自分の内側だけを変えても、それが相手に伝わらなければ相手は変わりません。

「感謝しよう」と思い、心の中で感謝するようになっても、「ありがとう」という言葉が出てこなければ、相手は感謝されていることに気付きません。だからこそ、「ありがとう」と口に出す「行動」を取ることが重要なのです。

会社の体制に思うところがあっても、心の中で文句を言っているだけでは、何も変わりません。言葉に出して伝え、どうすべきかという提案を出す「行動」を起こして、初めて、変えたいと思っていること、変わってほしいと願っていることが変わるのです。

行動を起こすためには、原動力が必要であり、その原動力こそ、「言葉」そのものと言っても過言ではありません。

言葉を変え、心を変え、行動を変え、未来を変えるというポジティブスパイラルを作り出してみませんか？

第3章

言葉の魔法を使いこなす

言葉
言葉

①マイナスワードをプラスワードに変換

前章でも解説した通り、ネガティブな言葉、つまりマイナスワードは心もネガティブにしてしまいます。

前章で紹介したネガティブなマイナスワードは「できない」で「～だから、～できない」を「～だから、～できる」もしくは「～だから、～できないけど、～できる」に思考を変換させていくことの重要性について解説しました。

ここでは、他のマイナスワードのプラスワードへの変換についても、レッスンしていきます。

まず、私たちが日ごろから言いがちなマイナスワードを挙げていきます。普段からつい口にしてしまっている言葉がないか、ご自身でチェックしてみてください。

つい口にしがちな
自分へのマイナスワード

□疲れた　□忙しい　□しんどい
□無理　□どうせ自分なんか
□またやっちゃった
□あの人本当に嫌い　□どうしよう
□仕事辞めたい　□仕事行きたくない
□自分はダメな〇〇だ

自分に対してだけでなく、相手へのマイナスワードもあります。

つい口にしがちな
相手へのマイナスワード

□なんでできないの？
□どうして分からないの？
□お前はどうせ○○だから
……など

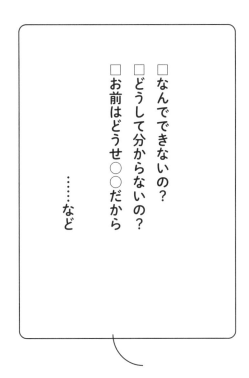

これらのマイナスワードを言ってしまっている自覚があるならば、ほんの少しだけ意識して、プラスワードに変換してみると、人間関係も自分の人生も、もっと上手くいくようになるかもしれません。

具体的にどう変換するのか見ていきましょう。

【自分に向けたマイナスワードのプラスワードへの変換】

「疲れた」
↓「お疲れ様、自分」
「よく頑張った」

誰にだって疲れるときはあります。仕事から帰ってきたとき、子どもたちが寝た後、何か大きな出来事があった後など、どっと疲れた出た時に思わず「疲れた」と言ってしまう気持ち、よく分かります。私も「は〜疲れた」なんて、しょっちゅう言ってしまいます。ただ、この「疲れた」が口癖になってしまうと黄色信号です。日常的に

「疲れた」を連呼していると、本当に疲れていなくても、脳が「この人、ずっと疲れてるんだな」と勘違いしてしまいます。疲れていると、何もする気が起きなくなってしまったり、免疫力が下がってしまったり、色々なデメリットが出てきます。だからといって「疲れていない」と嘘をつくわけにはいきません。それならば、プラスワードへの変換です。「お疲れ様、私」や「お疲れ様、俺」と自分自身を労ってあげるような言い方に変えるだけで、心がフワッと軽く温かくなります。また「よく頑張った」と自分で自分をほめてあげるのも効果的です。「疲れた」という言葉を口にする際も、暗く重いトーンでつぶやくのではなく「は〜つっかれた〜！　お疲れ〜私」と明るく言うだけで、心に与える印象が大きく異なってきます。

この「声のトーン」については、詳しく後述していますので、ぜひ読んでみてください。

「忙しい」
↓「充実している」
「仕事があってありがたい」
「必要とされている」

仕事が多かったり、やることが多かったりすると、ついい「忙しい」と口にしたくなりますが、「忙しい」という言葉は「心を亡くす」と書く文字のイメージも相まって余裕の無さやしんどさが滲み出ている言葉です。「忙しい」と口に出すことで、脳が「ああ、今この人は余裕が無いんだな。大変だな」と認識してしまいます。そうなると、心身共に余裕がなくなり、辛さを感じてしまうのです。やることが沢山あるときは「充実している」、多くの人に頼られている場合は「必要とされている」、と変換するのがおすすめです。

会社員だと仕事があるのが当たり前という感覚になりがちですが、フリーランスで活動していると「仕事を頂く」ということがいかに有難いことなのか実感します。仕事があってこその自分の生活、人生、というところに目を向け「仕事があるのは有難い」と変換するのも良いかもしれませんね。

「しんどい」
↓「がんばっている」

　仕事であったり、人間関係であったり、人生にしんどいこと、辛いことはつきものです。しんどいときは「しんどい」と言ってももちろん良いのですが、慢性的に毎日のように「しんどい」と口にしていると、何でもないことも全てしんどいと感じるようになってしまいます。しんどい状況は、すなわち「がんばっている」状況です。

　その状況から逃げずにしんどさと向き合っている自分を「がんばっているね」とほめてあげてください。

「無理」
↓反射的に「無理」と言うのをやめてみる

「無理」という言葉は、さまざまな使われ方をします。

仕事を振られて「無理」と言ったり、苦手な食べ物が食べられないときに「無理」と言ったり、誰かの言動に対して「無理」と言ったり、広く使われている言葉です。

反射的に何でも間でも「無理」とか「まじ無理」とか、言ってしまう人がいますが、私はとても残念というか、人生損しているな、と思ってしまいます。「無理」は拒否の言葉です。反射的にこの言葉が出てしまうということは、知る前に、理解する前に、全てを拒否してしまうということです。

すぐに「無理」と口にしてしまう癖がある方は、まず「無理」と言わずに知ってみて、試してみて、それからどうなのか吟味するように心がけると、世界が広がるかもしれません。

「どうせ自分なんか」
↓「自分にだってできる」
↓「自分だからこそやってやる」
↓「自分にしては良いんじゃないか」

すぐに自分自身を卑下してしまう人が、日本人には多いような気がします。「どうせ私なんか何をやっても上手くいかないからさ」とか「どうせ俺なんかバカだしロクな仕事につけないよ」とか、なにかにつけて自分を低く評価している人が多い傾向にあると思っています。

一方で、成功している人や、幸せに生きている人は、自己肯定感が高く、自分を卑下しない傾向にあります。

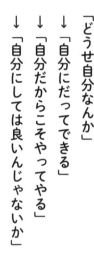

だからこそ、思考の変換、マイナスワードからプラスワードへの変換が大切なんだと実感させられます。

すぐに「どうせ自分なんか」と諦めず、「自分にだってできる」や「自分だからこそ、やってやる（成功させてやる・見返してやる）」と、前向きな言葉を発することで、エネルギーが湧き上がってくるはずです。実際、私が失語症になってしまったときも「どうせ失語症になったアナウンサーなんか必要とされない」「どうせ私なんかどこの現場に行っても失敗して迷惑かけるだけ」とネガティブになっていました。でも、ここで「確かに私は失語症になってしまったけれど、やっぱりアナウンサーの仕事がしたい！　失語症に負けずに私だってアナウンサーの仕事ができるって証明したい！」と気持ちを奮い立たせたことで、本当に仕事復帰ができました。ネガティブなまま諦めていたら、今の人生が無かったと思うと、あの時、プラスの言葉に思考を変換できて良かったと思います。

もう少しハードルを下げると「自分にしては良いんじゃないか」と変換する方法もあります。「どうせ私なんかバカだしテストで平均点を取るのが精一杯」と落ち込むのではなく「自分にしては上出来！　次はもう少しだけ点数を伸ばそう！　目指せ平均越え！」とポジティブに思うだけで、勉強のモチベーションが上がります。

「またやっちゃった」
↓「次こそはがんばろう」

何度も失敗すると「またやっちゃった」と落ち込みますよね。でも、落ち込むだけでは状況は何も変わりません。状況を変えて、前へ進むためには「次こそはがんばろう」と、言葉と思考を変えて行動に移すことです。

反省すべきところは、しっかりと反省し、ただ落ち込んで凹むだけではなく、しっかりと次へと生かすことで、未来は必ず変わります。

「あの人本当に嫌い」
↓「嫌い」という言葉は出さずに
静かに距離を置く

人間同士、ウマが合う人もいれば、そうでない人もいます。好きな人、嫌いな人、さまざまです。苦手な人や嫌いな人のことを「あの人嫌い」と言葉に出してしまうと、その言葉が呪詛のように発言者自身にまとわりつくことになってしまいます。

「嫌い」は非常に強いマイナスワードです。面と向かって言われればもちろん傷つきますし、第三者に「あの人嫌い」と言っても、言われた側はネガティブな気持ちになります。仮に「私も」と同意してくれて、嫌いな人についての悪口で盛り上がったとしても、そこにはネガティブな空気しか宿りません。誰かに、特定の人を嫌いと公言したことが、その本人の耳に入らない保証はどこにもなく、仮に本人が知ることとなってしまった際にはトラブルに発展してしまうリスクもあります。

嫌いな人、苦手な人とは静かに距離を置くことをおすすめします。

どうしても何か言いたい事がある、聞いてほしい事がある、といった場合は、「あの人嫌い」ではなく「あの人のこういうところが苦手なんだけど、どう接したら良いと思う？」と相談する形で第三者と共有するのが良いでしょう。その際には「あの人が苦手」ではなく「あの人のこういうところが」と、その人の行動や性格など、その人そのものではない部分について話すと、嫌な感じが大幅に軽減されます。

「どうしよう」
↓「どうすべきか考えよう」

似た言葉ではありますが、ニュアンスが大きく異なります。マイナスワードの「どうしよう」は、実際には何も考えていない言葉だけの「どうしよう」です。何かトラブルが起きた時に「どうしよう、どうしよう」としか出てこず、実際にどうすべきか、どうしたらいいか、全く考えていない、そんな「どうしよう」は良くないです。「どうしよう」だけ繰り返し、何も考えずに不安だけが膨らむ状況を改善するためには、具体的に「どうすべきか考えよう」と思考を切り替えることが大切です。方法を考えることにより、感情よりも理性を上位に立たせて理論的に解決策を導き出すことができるようになります。

「仕事辞めたい」
↓「どういう人生計画でいこうか」

よく口癖のように「仕事辞めたい」と言う人がいますが、これは良くないです。仕事が辛いと感じる気持ちは分かりますが、それを「辞めたい」というマイナスワードに乗せてしまうことで、ますます仕事が嫌いになり、行きたくない、辞めたい、という気持ちが強くなっていきます。本当に辞めたいという気持ちがあるならば、「仕事辞めたい」から「どういう人生計画でいこうか」

に言葉を変えましょう。具体的な人生図を思い描くことで、ずっと同じ仕事を続けるのか、それとも転職するのか、どう行動すべきか見えてきます。しんどくて仕事を辞めたいと思う時もあるけれど、なんだかんだずっとこの仕事を続けていきたいと思っているならば、その気持ちを受け入れて、口癖のように「仕事辞めたい」と言うことをストップしましょう。

「仕事行きたくない」
↓
「仕事に行く私、えらいね！」

これは真逆の言い換えとなってしまいますが、仕事に行きたくなくても、仕事に行かなければならない状況ってありますよね。そんな時は「仕事に行く私、えらいね！」と自分を思い切りほめてあげてください。

本気で行きたくないならば、休むという手を使うしかありませんが、ただ「仕事行きたくない」と言いながら、仕事へ行っているならば、それは著しくパフォーマンスを落とす呪いの言葉となってしまいます。

これは、病院など、あまり進んでいきたくない場所に向かう時も同じです。「病院行きたくないな」や「治療や検査が嫌だな」と思っても「行きたくない」と思いながら行くよりも「病院に行く私、えらいね！」と自分の行動を肯定して自分で自分をほめてあげると、気持ち的に落ちついていられます。

「行きたくない」「やりたくない」が実現しないなら、受け入れて、ポジティブに「私、えらい！」と自分自身を応援してあげてください。

＊自分をほめてあげる。「仕事に行く私、えらいね！」

「自分はダメな○○だ」
↓「これでOK」
↓「○○できただけで十分」

我が子を怒ってしまったお母さんが「自分はダメな母親だ」と思ってしまうという話をよく聞きます。
自分の仕事や立場において、本来「こうあるべき」という姿が実現できなかったときに、激しく凹んで「自分はダメな○○だ」と言いたくなってしまう気持ち、とてもよく分かります。ただ、自分で自分を否定してしまうと、心はとても辛いです。どんどん凹んで、負のスパイラルから抜け出せなくなり、やがてうつなどの深刻な状態になってしまう可能性すら秘めています。

そこで、役立つ言い換え、思考の変換は、「これでＯＫ」や「〇〇できただけで十分」と「できた部分」に意識を持っていくことです。

子どもを怒ってしまったお母さんなら「でも、今日も我が子が元気に過ごしてスヤスヤ寝てる！　これだけでＯＫ！　子どもを生かすことが母親の役目だ！　……でも、次からは理不尽に怒らないようにしよう」と思うことで、心を傷つけずに気持ちの整理ができます。

【相手に向けたマイナスワードのプラスワードへの変換】

「なんでできないの？」
↓「どうしたらできるようになるか
考えよう」

子どもや部下に言いがちな、このフレーズ。できることが当たり前という立場からするとイライラしますが、ここで「なんでできないの？」と言ってしまうと、言われた側も「それが分かったらできるわ！」という気持ちになってしまいます。

一緒になってできるようになる方法を探っていくこと

を提案するような言葉かけをすることで、相手は「自分に寄り添ってくれた」と思い、心を開いて素直に話を聞いてくれるようになります。

「どうして分からないの?」
↓「どこが分からないのか教えて」

相手の理解度が低かったり、言いたい事が伝わらなかったりした時に、イライラする気持ちは分かりますが、ここで「どうして分からないの?」と言ってしまうと、相手は突き放されたような気持になってしまいます。
面倒かもしれませんが「どこが分からないのか教えて」と聞き、相手の話を聞くことで解決の糸口を一緒に探していくことがおすすめです。

「お前はどうせ○○だから」
↓この言葉は絶対に言わない

これは絶対に言ってはいけないNGマイナスワードです。この言葉を言い換えできるプラスワードはありません。なぜなら、この言葉はその人自身を否定している言葉だからです。逆に「お前（あなた）は○○だけど、○○だね」（例えば「学歴は低いけど、優秀だね」など）と言ってしまっても、これはこれで非常に失礼ですし、不快です。

その人自身を否定したり、ネガティブポイントを出して「○○なのに」と褒めたりすることは絶対にしてはいけません。

本書で取り上げたマイナスワードだけでなく、あらゆるマイナスワードをプラスに変換していくことで、気持ちも変わりますし、相手も変わります。

自分がついネガティブなマイナスワードを口にしがちだな、と思ったら、少し意識して言い回しを変えてみてください。

②悪い言葉も吐いていい

マイナスワードをプラスワードに変換する、ネガティブな思考回路をポジティブに変換する、といったことを勧めてきました。

しかし、人間、いつもポジティブにプラス思考でいられるわけではありません。ネガティブになることも、マイナス思考になることもあります。どうしようもなく悲しい出来事があったり、辛くてしんどくて心が折れてしまったり、怒りや憎しみで気持ちの行き場を失ってしまったりします。そんな時も常にポジティブでいなければ、マイナスワードをプラスワードに変えなければ、と思っていると、感情が麻痺して心が死んでしまいます。

だから、時には悪い言葉を吐いてもいいんです。

ただ、いつでもどこでも誰にでも吐き出していいわけではありません。吐き出す「先」をきちんと見極められれば、悪い言葉を吐くことはとても有意義な行為となります。

言うなれば「デトックス」のようなものですね。嫌な気持ちになったりネガティブな感情が湧いてきたりすると、心がネガティブな成分でいっぱいになります。このネガティブ成分は、ポジティブ変換できるものもあれば、そう簡単にできないものもあります。自分の中でポジティブ変換できないものは、吐き出すことでデトックスし、自分の中からネガティブな感情を出してしまうことで対処します。分かりやすく言えば、愚痴を聞いてもらうことでスッキリするような、そんな感覚です。

では、吐き出す「先」については、どのようなことに気を付ければいいのでしょうか。

吐き出す「先」には「人」がいる場合と、いない場合があります。「人がいる場合」は、話を聞いてくれる人が、吐き出す「先」となります。この場合、話を聞いてもらう相手の負担にならないことを最優先しましょう。愚痴を言い合えるくらい親しい相手であっても、時間的、精神的に負担にならない程度を守って愚痴を言わせてもらうよう気を付けてください。相手の負担になってしまうのが心苦しいという場合は、「まったく知らない人」に愚痴を聞いてもらうのもひとつの手です。愚痴聞きのサービスや、電話相談サービス、カウンセリングなど、近しい間柄ではない第三者に吐き出すことで、話が漏れてしまう心配もなく、時間等も気にせずに、思い切りネガティブな気持ちを吐きだせます。

また、私がひとつおすすめしたい「吐き出す方法」があり、それが「人ではないものに吐き出す」方法となります。それは、スマホのメモです。

何か大きく気持ちが動いたとき、感情を吐きだしたいときに、思ったままをメモに書いていくと、それだけで不思議なことに気持ちがスーッと整理されることがあります。実は「愚痴」にも同じような効果があり、誰かに聞いてもらうこと（＝自分で言葉に出して気持ちをアウトプットすること）で、何か相手からの答えや返事がなくても、勝手に気持ちが落ち着いていくということがあります。

つまり、モヤモヤする気持ちや、嫌な気持ちは、言葉に乗せて吐き出すことができるということなのです。その「先」には人（聞き役となる相手）がいてもいいのですが、いなくてもいいのです。人に愚痴を聞いてもらうのではなく、スマホメモに書き出すことによって、言葉に乗せてネガティブな気持ちを吐きだし、デトックスできます。書いているうちに、気持ちの整理ができて、自分自身の振り返りもできますので「あの時、こう言っていれば、もっと違った結果になったかも」や「自分にもこういうところがあったかな」などの反省もできます。

愚痴を聞いてくれる相手がいなくても、有料のサービスにかけるお金がなくても、スマホであれば自分一人で完結しますし、お金もかからないため、おすすめの方法です。

スマホメモのさらによいのは、気持ちの整理がついたら、ネガティブワードを残しておかずに、削除してしまえることです。嫌な気持ちを吐き出し、すっきりしたら削除。これで自分で自分のネガティブ心のデトックスができます。

無理してポジティブに、プラスに、と頑張りすぎず、吐き出すべき感情はしっかりと吐きだした上で、その先にポジティブ変換やプラス変換ができるように、バランスを取っていけるといいですね。

③挨拶の魔法で人間関係を円滑に

私たちは皆、子どもの頃から挨拶の大切さについて教わってきました。挨拶は、人と人が出会い、初めに交わす言語コミュニケーションです。挨拶の一言でその人の印象が決まり、その後のコミュニケーションにも影響があるくらい、挨拶は重要です。

私はこれを「挨拶の魔法」と呼んでいます。学校でも、職場でも、家庭でも、気持ちの良い挨拶が交わされている場にはポジティブなエネルギーが流れ、明るく温かいと感じます。ケンカしていても、挨拶をきっかけに仲直りできるという話も聞きますし、挨拶のパワーの強さをしみじみ実感します。

朝は「おはよう（ございます）」、昼は「こんにちは」や「お疲れ様です」、そして夜は「こんばんは」、別れるときには「さようなら」や「お疲れ様」、そして「おやすみない」など、あらゆるシーンにおける挨拶を意識して伝えることで、人間関係は驚くほど円滑になります。

挨拶が大切？　挨拶で人間関係が円滑に？　そんなの当たり前じゃないか。そう思っているかもしれませんね。でも、ご自身を振り返ってみてください。あなたは、実際に毎日どれくらいの人に挨拶していますか？　もしかして、もっと挨拶ができるのに、していないということはありませんか？

私が道を歩いていたときに、保育園か幼稚園くらいのお子さんから「こんにちは！」と挨拶されました。思わず笑顔になり「こんにちは」と返し、その後はとても良い気持ちだった記憶があります。見知らぬ人に挨拶する必要は無いのかもしれません。でも、ただ道ですれ違っただけでも、レジで一瞬出会っただけであっても、挨拶の一言で相手を良い気持ちにさせることができるんです。

もう一つ、エピソードをお話すると、テレビ局やラジオ客では、新人のタレントさんはもちろん、スタッフさん、大御所の俳優さん、プロデューサー、朝も昼も夜も、必ず「おはようございます！」「お疲れさまでした！」この二つの挨拶でコミュニケーションが成り立っているといっても過言ではありません。知らない人でも廊下やエレベーターですれ違った時には必ず、このキラー挨拶で好印象となります。

「あの子、若いのに礼儀正しいんだよね！」
「大御所なのに頭が低くて、人としてすばらしいよ！」
こんな会話が人から人へ伝われば、次の仕事へもつながります。

挨拶は相手との「つながり」を伝える役割を担っているのかもしれません。「私はあなたに関心がありますよ」「私はあなたに敵対していませんよ」といったことを伝え、仲間であることを示しているのかもしれないな、と思います。だからこそ、挨拶されるだけで、嬉しく、ホッとした気持ちになるのでしょう。

挨拶は、朝昼晩や別れの挨拶だけでなく、「ありがとう」や「いただきます」「ごちそうさま」なども含みます。レジで会計していただいたら、無言で商品を受け取って去るのではなく、一言「ありがとうございます」と言うだけで、そこには気持ちの良いやりとりが生まれます。食事の前には「いただきます」、そして食後には「ごちそうさま」を言うのは、当たり前のように思えますが、意外と忘れてしまっている方も多いのではないでしょうか。

きちんと挨拶できる人は、敬意ある人です。相手に、そしてその場に敬意を示し、相手を尊重できる人です。そういった人が信頼を得て、親しまれ、頼りにされる人格者となっていきます。

ぜひ、ご自身の毎日を振り返って、挨拶できているか、もっとできないか、考えてみてください。

④相手が気持ちよくなるキラー相槌

誰かと話をしている時に、相手の話を引き出し、相手を満足させるカギとなるのが「相槌」です。相槌上手は聞き上手、と言っても過言ではないくらい、相槌は重要です。

自分が一生懸命喋っていても、相手が無反応だと不安になりますし、不快にもなります。自分の話に興味がないのかな？　ちゃんと聞いてないのかな？　と思います。

相槌は「あなたの話をちゃんと聞いていますよ」「あなたの話に興味がありますよ」ということを示しながら、ひいては「あなた（自身）に興味があります」と示すことにもつながります。

話している相手が気持ちよくなるキラー相槌を六つ伝授しましょう。

相手が気持ちよくなる
六つのキラー相槌

そうなんだ（そうなんですね）
そうだよね（そうですよね）
なるほど（※「なるほどですね」は間違い）
わかるよ（わかります）
がんばったね（流石です・流石でしたね）
たいへんだったね（大変でしたね）

カッコ内は上司など目上の人が相手のときのキラー相槌です。

「そうなんだ（そうなんですね）」や「そうだよね（そうですよね）」は、相手を全面的に認める相槌です。相手に共感し、相手の言ったことを受け入れる姿勢を見せることで「ちゃんと聞いてくれているな」「自分の言っていることは間違ってないな」と感じ、その後もスムーズに話し続けられます。

「なるほど」は、相手の話に納得しながら、そこから学ぶこともあるという意味を含ませた相槌です。よく目上の人に「なるほどですね」と言う人がいますが、これは間違った言葉なので注意しましょう。年配の方の中には気にする方もいます。「なるほど」だけでは失礼なのではないか、と思ったら「勉強になります」や「知りませんでした」と伝えるようにしましょう。ただ、目上の人であっても「なるほど」と言ってしまって問題ありません。

「わかるよ（わかります）」は共感の相槌です。共感の意志を示すことで、自分はあなたの仲間です、と伝えられます。この相槌も注意が必要で、「わかるよ、俺もさ～」や「わかります、私も～」と自分の話にすり替えてしまうのは避けましょう。もちろん、自分の話をすることで相手が心を開いてくれるケースもありますが、相手の話を遮って自分の話にすり替えてしまうのはよくありません。話題泥棒をせず、相手の話を最後まで聞いてから、自分の話題へと移ってください。「がんばったね」や「たいへんだったね」も、相手への共感が含まれる相槌で、そこに労いもプラスされています。目上の人に「がんばりましたね」と言うと上から目線に感じられてしまうため「流石ですね」や「流石でしたね」という言葉で相槌を打つのがおすすめです。

逆に、思わしくない相槌（というか、反応）もあります。相手の話を聞いていて、色々思うことがあっても、この言葉が出そうになったら一度考え直してみてください。

否定や逆説を含む
「思わしくない」相槌

でも、
だって、
それはさ、
私のときは（俺のときは）
いやいや、（いや、）

「でも、」の後には逆接が入るため、相手の話を否定する文章が続くことが予想されます。「いやいや（いや）」も同じで、否定から入る言葉なので、相手の話を遮って否定しているということが非常にマズイですね。

「だって、」は、言い訳などの最初の言葉というイメージが強いと思います。これは説教や注意などを受けているときに、思わず反論したくなって口をついてしまう言葉ですが、これも良くありません。まずは相手の主張を聞く、ということを徹底しましょう。

「それはさ、」という言葉にも、うっすらと否定のニュアンスを感じます。「それはさ、君にも非があったんじゃないの？」や「それはさ、仕方なかったんじゃん」など、相手の話の腰を折ってくるイメージがあるため、嫌な印象を与えます。

「私のときは（俺のときは）」は前述もしましたが、自分の話へのすり替えの入口となるワードなので、何か言いたいことがあっても我慢しましょう。

相手の話に、何か思うところがあり、伝えるべきことがあるな、否定すべき部分があるな、と感じても、まずは「相手に寄り添い、認める」ことが大切です。

「そうなんだ、大変だったね。その気持ち、分かるよ。でもね……」と、まずキラー相槌を入れてから、自分の意見や自分の話をすることで、相手が素直に聞いてくれるようになります。

ぜひ、キラー相槌を使いこなして、円滑な人間関係を築く役に立ててください。

⑤「わたし」から「あなた」に主語を変える

何かを伝えるときに、主語を「あなた」に変えることで、視野が広がり思考が深くなり、言葉選びが思慮深くなります。

私たちは、つい「わたし」を主語にしてしまいがちです。それは至極当たり前のことで、「わたし」が一人称ですから、当然「わたし」が主語になるものなんです。でも、あらゆる場面において「わたしが」「わたしが」と主張してしまうと、途端にワガママな印象になってしまいます。また、「わたし」を主語にすると自分都合の主張にしかならないため、相手方にメリットがなく、相手からすると「何なの、この人」と思われてしまうということになりかねません。

人間関係を上手に築ける人は、日常的に「あなた」を主語にすることを自然と行っています。「わたしが」ではなく「あなたが」どうか、ということを考えて行動し、言葉も選んでいるため、相手に配慮した言動が可能となるわけです。

分かりやすく、お母さんと子どものシーンを例に挙げてみましょうか。

なかなかおもちゃを片付けない子どもに、早く片付けてほしいお母さんが「早く片付けて」と言うシーンで、お母さんは「わたしが片付けてほしい」という自分の意志だけをお子さんに伝えます。「早く片付けなさい」「ねぇ、早くして」「いい加減にしなさいよ！」「もう、また遅くなっちゃったじゃない！」「明日も早いのに！」と徐々に言葉がきつくなっていきますが、一貫して「自分都合」でお子さんに片付けを促しています。

大して、「あなた」を主語にできるお母さんは「早く片付ければ、ママと一緒に絵本を読む時間がたくさんできるよ」や「あなたが早く片付けてくれたら、ママとってても嬉しいな」など、あなた（＝子ども）を主語にして語りかけます。すると、子どもは「自分ごと」として言葉を受け取れるようになり、お母さんの言うこと聞いてくれるんだそうです。

大人同士の会話の中でも、「わたしが」ばかり主張せず、「あなたが」どうなのか、ということを常に考えるよう意識することで、相手が何を望んでいるのか、相手が自分にどうしてほしいのか、という答えを導き出せるようになるかもしれません。

やり方としては単純で「あなたが」「あなたは」を主語に置いて、物事を考える、想像するだけです。

大人同士の会話の中では、例えば恋愛と結婚に悩む独身女性の友人に、既婚者である自分が連絡を取る際に、「わたしは、あなたの恋愛関係の近況が気になるけれど、あなたはあまり聞かれたくないだろうな」というところまで想像できれば、ズケズケとプライベートなことを根ほり葉ほり聞くことを遠慮できます。これが「わたしは、あなたの恋愛関係の近況が気になる」で止まってしまうと、相手の気持ちを無視した自分勝手な言動へと繋がってしまうわけです。

「わたしが」から「あなたが」に、思考の変換をする訓練も試してみてくださいね。

⑥劇薬！「○○さんが言ってたよ」の力と恐ろしさ

本章の最後に、劇薬となる「○○さんが言ってたよ」について、お伝えしようと思います。日常生活において「○○さんが言ってたよ」という話を聞くことは少なくありません。

「あの人気のパン屋さん、九時に行けば並ばないで買えるって山田さんが言ってたよ」や「来月保育園で運動会があるってユウタくんのお母さんが言ってたよ」などは、劇薬でも何でもなく、ただの伝聞なのですが、劇薬となるのは、例えば「経理の鈴木さんが、あなたは領収書をきちんと整理して提出してくれるから有難いって言ってたよ」や「社長があなたに期待しているって言ってたよ」や「高橋さんが、この前あなたの悪口を言っていたよ」といった「その人自身の評価」についての伝聞です。

誰かに直接褒められた時に「いや〜、でもお世辞なんだろうな」と思ったことはありませんか？

社長から「期待してるぞ」と言われても「そう言ってヤル気を引き出したいんだろうな〜」なんて斜に構えて受け取ってしまうこともあるかもしれませんね。

でも、これが「伝聞」だったら？

部長から「この前のプレゼンを見ていた社長が、お前のこと、すごく褒めていたぞ」と聞かされたら、信じるでしょうし、とても嬉しくありませんか？

自分の話を、自分以外の人にするとき、それはお世辞でも何でもなく、本当に思っていることを伝えるでしょう。だから、そこに嘘はなく、真実だけが伝わるのです。

その話を人づてに聞かされたら、それは真実として耳に入ってきますので、社長が認めていた、先生がほめていた、○○が好きだと言っていた、といった情報はものすごい実感を伴って言われた本人の中に入っていきます。

だから、褒める内容や、ポジティブな内容に関しての「○○さんが言ってたよ」は、直接伝えるよりも強大な力を宿し、その人に届きます。

一方で、悪口やネガティブな内容も、また同じように「真実」として強大な力を宿して伝わってしまいます。しかも、それは「陰口」として認識されるため、より邪悪なパワーを増して、言われた人を深く傷つけます。

この前の内容で「あの人のこと嫌い」と言わないことを推奨しましたが、その理由のひとつに「○○さんが、あなたのこと嫌いって言ってたよ」という言葉で、嫌いという気持ちが伝えられることで、より深く相手を傷つけ、最悪の場合大きなトラブルに発展してしまうという点があります。

「○○さんが言ってたよ」については、ポジティブな内容のみで活用し、ネガティブなシーンでは決して使わずに封印すべき、と心得てください。

第4章

シチュエーション別に使える言葉辞典

第四章では、私が普段から実践している言葉選びも含め、シーン別に「しあわせのことば」をまとめてご紹介します。しあわせなことばを相手にプレゼントすると、自分にもしあわせが返ってきます。ぜひ、この「しあわせことば」辞典を、毎日の人間関係に生かしてみてください。

①恋愛編

レストランや商品を選ぶとき

「なんでもいいよ」

↓「○か○で悩むな。
○○はどっちがいい？」

※一緒に考えてくれることが、何よりも嬉しく、寄り添ってくれていると感じて愛情が増します。

「○○でいいや」
↓「○○がいいな」

※「妥協」は良い印象を与えません。恋人が「ご飯何作ろうか？」と聞いてきたときの「○○でいいや」は言語道断ですし、外食時なども「○○でいい」と言ってしまうとネガティブな印象を与えてしまいます。

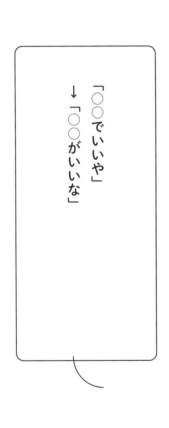

ふたりきりのとき

「よかったら泊まっていかない？」
↓「もっと一緒にいたいな」

※下心見え見えの一言よりも、「あなたと一緒にいたい」と伝えることで、相手の心を掴みます。

相手の変化に気付いたとき

「痩せたんじゃない？」

↓「雰囲気変わったね」

「最近太った？」

↓（指摘しない）

※女性のみならず、男性も、体型を気にするものです。痩せたことを喜ぶ人もいれば、気にする人もいるため、ダイレクトに「痩せた？」と言わず、オブラートに包んで「雰囲気変わったね」と伝えてあげましょう。「太った？」は絶対に言ってはいけません。

「服の好み変わった？」
↓「その服、よく似合ってるね」

※嗜好が変わったことそのものを指摘するよりも、ポジティブな言葉を伝えてあげると、言われた側はとても嬉しくなります。

相手が話に興味を持たないとき

「ねぇ、ちょっと聞いてくれる!?」
↓「話したいことがあるの」

※責めるように言うのではなく、「あなたに聞いてほしい」という気持ちを伝えるのがポイントです。

②家庭（結婚）編

妻から夫へ

「ちょっと聞いてよ
（愚痴など、ただ聞いてほしいとき）」
↓「ちょっと聞いてほしいことがあって。
聞いてくれるだけでいいの」

※男性は何かとすぐ解決したがります。結論を出したがったり、解決策を考えだしたりするため、そういうんじゃなくてただ聞いてほしい、という時は「聞いてくれるだけでいい」という点を念押ししましょう。

「ちょっと聞いてよ
（アドバイスが欲しいとき）」
↓「あなたの考えを聞きたいんだけど、
ちょっと聞いてくれる？」

※アドバイスがほしいときは「あなたを頼りにしている」ということを伝えると、男性は喜んで耳を傾けてくれます。

「どうして靴下脱ぎっぱなしなの!?」
↓「脱いだ靴下は
洗濯機に入れてくれたら嬉しいって
何度も言ってるんだけどなぁ～」

※つい怒って言ってしまいがちな一言ですが、なるべく角が立たないように、柔らかい表現を使いましょう。「私が嬉しい」ということを言葉にすると、案外効果てきめんですよ☆

「どうして食事中にスマホ見るの！やめて！」
↓「ごはんの時は私と会話しようよ」

※「やめて」という強い否定の言葉を使うと、相手が意固地になったり、不機嫌になったりします。「やめて」ではなく「〜して」に変換することで、相手を動かしやすくなります。

「休みの日にゴロゴロしてばっかり！」
↓「一緒に出かけたいんだけど、
二時間だけ付き合ってくれない？」

※休みの日にゴロゴロしていることを指摘しても「休みなんだからいいだろ」と思ってしまうため、具体的に自分がどうしたいのか、どう過ごしたいのか、と伝えると良いです。

「私の話、聞いてる？」
↓「つまらないかもしれないけど、
私のお喋りに
付き合ってくれてありがとう」

※怒りの感情に任せて「聞いてる？」と責めるのではなく、「つまらない」という言葉で少しだけ嫌味をチクッとプラスし、「ありがとう」と伝えることで、相手に「自分もちゃんと聞いてなくてごめん、別につまらないとかじゃ……」と思わせるテクニックです。

「ゴロゴロしてないで
洗濯物ぐらいやって！
どういう教育されてきたのよ！」
↓「ねぇ。一緒に家事やろうよ！」

※上から目線で責めるのではなく、一緒に巻き込んでやろうとはたらきかけると、互いに気持ちよく家事ができます。

夫から妻へ

「いつも悪いな」
↓「いつもありがとう」

※「謝罪」と「感謝」にはどちらも「謝」という文字が入ります。聞く側からすると、「謝罪よりも感謝の方がずっとずっと良い気持ちがします。「いつも任せてばかりで申し訳ない」と思っているならば、「悪いな」よりも「ありがとう」を送ってあげてください。

「俺といるとそんなにつまらないか？」

↓「疲れてる？　何か不満とかある？」

※妻が不機嫌なときに、すねて「俺といるとつまらないのか？」なんて聞いてはいけません。妻自身に視線を向けて、妻の話や妻の状態を聞いてみてください。

「で、何が言いたいんだ？」
↓「そうだったんだ、
それで、
俺に何かできることってある？」

※妻からの延々と続く愚痴を聞いていると疲れると思います。結論も、解決策も何も出てこない話を聞いていると「何が言いたいの？」と思うことは多いでしょう。でも、妻にとってはそれ自体（愚痴を言うこと自体）に意味があるのです。「そうだったんだ」と寄り添ってあげるだけで、妻は満足します。「何かできることはない？」

と聞くと「ううん、聞いてくれただけで十分。ありがとう」という言葉が返ってくるでしょう。

「なんでもいい」
↓「○か○か○かな。
この中で
一番簡単なのってどれ？」

※妻にとって最もイラっとする夫の言葉が「なんでもいい」と言っても過言ではないでしょう。特に献立に関する「なんでもいい」は妻を間違いなくイライラさせます。「簡単なものでいいよ」も危険ワードです。特に「そうめんとか、簡単なものでいいよ」と言ってしまったらオシマイです。地雷を踏まないためにも、いくつか候補を

挙げて、「この中で一番楽なものがいいな」と伝えれば、妻も気持ちよく料理ができるでしょう。

③友人編

「バカだなぁ」
↓「そういうところ、
愛嬌あるよな」

※親しい間柄の友人同士だと「バカ」や「アホ」など、毒のある言葉を気軽に使いがちです。でも、生身の人間ですから、毒のある言葉を浴びせられれば、傷つきます

し、嫌な気持ちになります。言葉の毒を抜いて、温かい言葉をチョイスすることで、誰からも愛される人になれます。

「サンキュ！」
↓
「本当にありがとう！　助かった！」

※友人だからこそ、気軽に色々頼んだり、助けてもらったりする機会があるでしょう。気楽な関係だからといって、きちんとお礼を言わなかったり、助けてくれるのが当たり前だと思ったりすると、危険です。親しき中にも礼儀あり、という言葉を忘れないでください。

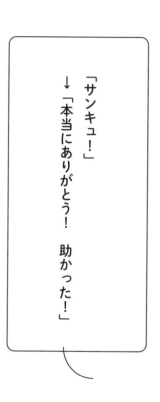

「一生のお願い！」
↓
「無理なら無理って言って。
でも、もし○○してくれたら、
本当に助かるんだけど……」

※気軽に「一生のお願い」は使わないようにしましょう。
常に相手の都合や手間を考えて言葉を届けられるようになると、友人関係は円満になります。

④仕事編

お客様やクライアントへの言葉選び

「すいません、無理です」
↓「申し訳ございませんが、
できかねます。
こちらでいかがでしょうか」

※「無理です」が強い言葉で失礼になるということは多

くの人が知っていますが、「できません」や「難しいです」よりも格式高い言いまわしが「できかねます」です。この言葉を知っていると、品格のある接客ができます。「できません」だと少し幼稚、「難しいです」だと少し曖昧になりますが、「できかねます」は「無理」ということをハッキリと丁寧に表せる言葉です。

「〜させていただきます」
↓「〜いたします」

※「させていただきます」は日常的に使われている言い回しです。謙譲語で間違いではないのですが、謙《へりくだ》りすぎると、かえって相手を不機嫌にさせてしまいます。やたらめったら「させていただきます」を使い過ぎないよう少し意識してみましょう。

「申し訳ありません（ちょっとしたお詫び）」
↓「失礼いたしました」

※「申し訳ありません」や「申し訳ございません」は日常的に使われる謝罪の言葉ですが、本来は「申し訳ない」で一つの言葉なので「申し訳ないです」や「申し訳ないことでございます」が正しいです。でも、それだと逆に重たく感じる方もいるでしょう。ちょっとしたお詫びであれば「失礼いたしました」で十分です。

「申し訳ございません
（大変なお詫び）」
↓「お詫びの申し上げようも
ございません」

※これも同じで「お詫びの申し上げようもございませんが美しい日本語となります。ただ、「申し訳ございません」は日常的に使われている表現なので、あまり気にせず使ってしまっても良いのかもしれませんね。

上司から部下への言葉かけ

「まかせた」
↓「まかせるから、思い切ってやって」

※ただ投げるのではなく、見守りながら背中を押してあげる一言を添えることで、部下のモチベーションを上げる効果が期待できます。

「一体何をやってるんだ!?」
↓「お前だけの責任じゃなく、
上司の自分にも責任がある。
フォローするから解決策を考えよう」

※部下がミスした時、しっかりと自分にも責任があることを伝え、フォローする意志を示してあげることで、部下が安心して「この人についていきたい」と思うようになります。

「早く資料を送って」
↓「早く資料を送ってくれたら助かるよ」

※ただ命令口調で指示するよりも、「自分が助かる」や「自分が嬉しい」と伝えると、角が立たずに部下を動かすことができます。

「ありがとう」
↓「ありがとう。助かったよ」

※一言添えてあげることで、部下のヤル気をより一層引き出せます。

部下から上司への言葉かけ

「ありがとうございます」

↓「ありがとうございます。

本当に助かりました」

↓「ありがとうございます。

◯◯さんのおかげで上手くいきました」

※上司を立てる一言を添えると、上司から可愛がってもらえるはずです。

「すいませんでした」

↓「大変失礼いたしました。

以後二度無いよう気をつけます」

※ミスした時や、何か指摘があった時に、ぶっきらぼうに謝るのではなく、誠心誠意反省しているという姿勢を伝えたければ、この表現がおすすめです。「今後は気をつけます」と未来の決意も合わせると良いです。

「無理です」
↓「○○という理由で難しいです」

※上司に向かって「無理です」と言う部下は少ないとは思いますが、何か頼まれごとをした時に断りたい時は、理由を添えると円満になります。

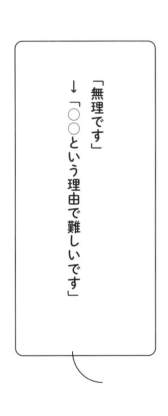

「できません」
↓「○○のため、難しいです」

※「できない」と言いたい時も、理由をつけることで上司に納得してもらえる可能性が高くなります。

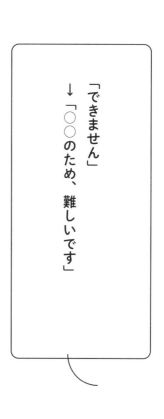

⑤親子編

オウム返しのテクニック

子どもが言ったことをそのまま繰り返す「オウム返し」テクニックで、子どもの言葉に寄り添い、子どもの気持ちを整理できます。

（例）「今日、ユウキくんとケンカしたんだ」に対して「そっか、今日ユウキくんとケンカしちゃったんだね」

つい叱りたくなった時の言い換え

「全然やってないじゃないの！」
↓
「これからやるんだね」

※やっていない「今」に注目して叱るのではなく、「これからやる」という未来へ意識を持っていかせることで、子どもの背中を押します。

「どうして何度も
同じことを言わせるの！」
↓「おいで。何か理由があるんだね。
話してみてごらん」

※子どもと一緒に「なぜ何度も同じことを言われてしまうのか」と考えることで、子どもが考えていることや、子どもの感覚が理解できます。

「どうして約束を守れないの！」
↓「何かあったの？」

※子どもが約束を破ったときに、その事実だけを責めるのではなく、背景まで気に掛けることで、子どもに寄り添った育児ができます。

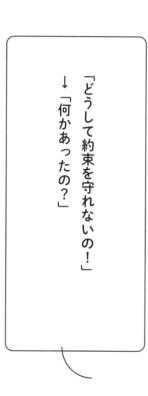

（つい言い過ぎてしまったとき）
↓「ごめん、お母さん、言い過ぎたね」

※親から子どもに謝ることに対して、抵抗感を覚える親御さんもいると思いますが、しっかり謝ることで子どもからの信頼度は上がります。謝ったら子どもに舐められるということはありません。自分が悪いと思ったら、ちゃんと子どもに謝り、仲直りしてください。

心配の気持ちを抑えて

「大丈夫なの？」
↓「お母さんも親だから
心配もするけど、
○○が決めたことなら応援するよ」

※子どもが何か自分で決めた時や、何かをやりたがった時に、つい心配してしまうのが親心です。でも、そこで心配ばかりするのではなく、信じて応援してあげるのも、親の大切な役割です。

（子どもが落ち込んでいるとき）

「どうしたの？　何があったの？」

↓「おいで。大好きだよ」

※根ほり葉ほり聞かず、ただギュッと抱きしめてあげるだけで、子どもは安心します。あとは子どもが自ら「あのね」と話し始めたら耳を傾けて全部聞いてあげましょう。

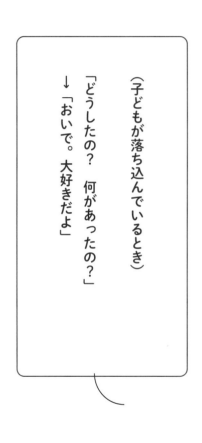

忙しいときの対応

「今忙しいから後にして！」
↓
「○○のお話、
ちゃんと聞きたいから、
これが終わるまで待っててくれる？」

※取り込み中であることを伝えた上で、待っててね、と子どもがどうすればいいのか指示を出し、しっかりと後で話を聞いてあげることで、子どもは納得し、安心します。

「早くして！」
↓「早くしてくれたら、
すっごく助かる！」

※ただ急かしたり、指示を出したりするだけでなく、「自分が助かる・ありがたい」と伝えると、子どもはがぜんヤル気を出してくれることもあります。

テストで満点を取ってほめるとき

「すごいね！」
「えらいね」
↓
「がんばったね！」

※結果よりも、努力や過程をほめてあげることが大切です。

⑥日常生活編

物を贈るとき

「つまらないものですが」
↓「気に入っていただけたら
うれしいです」

※つまらないものをもらっても、嬉しくないですよね？卑下する文化のある日本ですが、あなたのことを想って贈りますよ、という気持ちが伝わった方が、嬉しい

はずです。

宅配の受け取り

「どうも～」

↓「ご苦労様です。

いつもありがとうございます」

※宅配の受け取りは一期一会で、その時しか会わない方も多いと思います。でも、そこに丁寧なやりとりがあれば、宅配の方も気持ちよく仕事ができると思うのです。

ご苦労様です。いつもありがとうございます

電話で問い合わせるとき

(いきなり質問)
↓「お忙しいところご対応いただき、ありがとうございます。(質問)」

※客として問い合わせする時も、相手への敬意を表して、相手を気遣う一言があると、とてもスムーズに話を進められます。客だから、と偉そうにしていたり、不愛想な態度を取ったりすると、受けられるサービスの質も、もしかしたら少し落ちてしまうかもしれません。

お忙しいところ対応いただき、ありがとうございます

近所の人などへの挨拶

「おはようございます」

↓「おはようございます。

今日は寒いですね」

※通常の挨拶にひと言プラスすると会話と心のやりとりが生まれます。

おはようございます！
+
今日は寒いですね

お店でクレームを言うとき

「ちょっと！
髪の毛入ってるんだけど！（大声）」
↓「ちょっとすみません、
髪の毛が……（小声でこっそり）」

「注文と違うんだけど！」

↓「私の言い方が紛らわしかったのね。

ごめんなさい」

※笑顔で伝えることで、相手が委縮せずに対応してくれるようになります。

電車内などのトラブル回避の一言

（バッグがぶつかり怒鳴られた）

「なんだよ！　そっちこそ！」
↓「すみません」

※こういったケースは応戦せず謝るが勝ちです。欧米では「謝ったら負け」という文化が浸透していますが、日本では謝るが勝ち、と覚えておいてください。

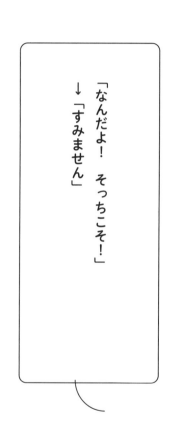

（濡れた傘が足に……）

「ちょっと！　傘で濡れるんですけど！」

↓「すみません、傘が……

混んでいる時って困りますよね」

※トゲトゲした言い方ではなく、相手への配慮も見せながら指摘すると、険悪な雰囲気にならずにトラブル解消できます。

（席を譲るとき）

「どうぞ」
↓「おかけになりませんか？」

※誘うことで、座りやすい雰囲気を作ります。

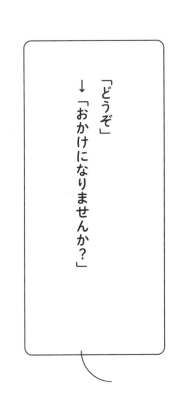

（空いている車内で優先席に具合が悪くて座った人が、
高齢者に怒鳴られたとき）

「そんな言い方ないでしょ！」
↓「この方、具合が悪いみたいですよ」

※あくまでも冷静に、伝えてあげることで、場の雰囲気も落ち着けることができます。

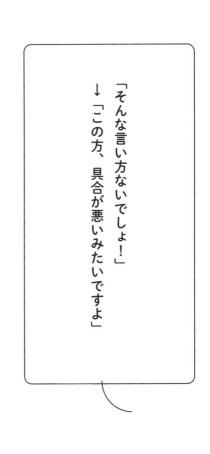

（せまい道路で、前から歩いてくる人とぶつかりそうになったとき）

「あなたがどきなさいよ」

↓「お先にどうぞ」

※特に朝のラッシュ時、混んでいてイライラし、ちょっとしたことで怒りスイッチが入ってしまいがちです。早く行きたい、私の歩いているルートは正しいと我を通したくなってしまいます。

その結果、言い合いにあったり、舌打ちされたり、不快な感情だけが残り何一ついいことはありません。

そんな時は、魔法の言葉「お先にどうぞ」。

心にゆとりを持てば、自分の気持ちがいいし、相手から「ありがとう」と幸せワードをいただくこともできます。

第5章

言葉だけじゃない!?
声色の魔法

信頼
幸せ

ここまで、言葉選びの方法や、ポジティブな言葉を紡ぐための思考の変換などについて解説してきました。言葉が与える印象や影響は、言葉（単語や文章）そのものだけでなく、言葉を発する声のトーンによっても大きく変わります。

「あんたなんかキライ」という言葉を想像してみてください。無感情な声で再生してみたときと、激しく怒ったように再生したとき、泣き声で再生したとき、甘えたような猫なで声で再生したときで、この文章の真意が大きく変わって感じられませんか？

「キライ」というネガティブな言葉なのに、甘えたような声で言うと、逆に愛情が感じられるような、そんなイメージになりませんか？

これは「好きだよ」でも同じことが言えます。「私のこと、本当に好き？」と彼女が聞いたときに、彼がめんどくさそうに冷たい声で「好きだよ」とため息交じりに答えたら、このカップルの別れは近いかもしれません。

私のエピソードをひとつお話しますと、私には甥っ子がいるのですが、就職活動中に電話がかかってきました。何社も受けていながら、なかなか内定が取れずに苦戦していたと聞いていた私は、「どうなの？」と聞きたい気持ちをグッと抑えて放っておいていました。そんな甥っ子からの電話に出ると「ひろ子ちゃん！」と一言。そのたった一言だけで、ピンときました。彼の就職先が決まったことを知らせる電話だということは、明らかでした。「決まったの？」と聞くと「うん！決まった。今まで応援してくれてありがとう」という朗らかな声が返ってきました。電話の向こうの甥っ子のにこやかな笑顔が手に取るようにわかりました。

どうして、彼が言葉で報告する前に、それがうれしい知らせとわかったのでしょうか。それこそが、彼の声のトーンでした。

明るく、弾むような声で、勢いよくスピーディーに話しかけてくる。これは「早くこの良い知らせを聞いてほしい！」という気持ちが現れたトーンです。この「喜びのトーン」から、私はすぐに彼の良い知らせを予想できました。

「あのひと悪いひとじゃないんだけど、話していると暗い気持ちになっちゃうんだよね」

そんなふうに友人がぼやくのを、何度か耳にしたことがあります。話の内容はとりたてて悲しいわけでも、悲惨なものでもなく、むしろ、なかなかユニークだというのです。理由を聞いてみると、話し始めの「あのね」が、なんとも言えない気持ちにさせるらしく、それが生理的に無理だと言うのです。

たった三文字も「あのね」のせいで、人から苦手意識を持たれてしまうなんて、こんな損なことはありませんよね。「あのね」そのものには特別な意味はなく、話しかけるときの定型文です。この三文字が人の心をざわつかせる理由は、他でもない声のトーンにあります。

暗く、沈んだ声。悪い知らせを予感させるような声。なんとなくどんよりした、寂しい声。そんな声のトーンは、聞く人の気持ちをざわつかせ、嫌な気分にします。

声のトーンによって、相手の気分も変えてしまう、これは注目すべき点です。ビジネスの場で、商談が成功するかどうか、部下や同僚との関係を上手に築けるか、お客様やクライアントに気に入ってもらえるか、その印象を決めるのが声のトーンと言葉選びと言っても過言ではないと、私は思っています。

声のトーンだけでも、あなたのビジネスチャンスは大きく広がるのです。

私は、良い声のトーン、日常やビジネスで役立つ声のトーンを二種類見つけました。

それが「幸せトーン」と「信頼トーン」です。

「幸せトーン」は、明るく、朗らかで、聞いている人が思わず笑顔になってしまうような幸せ溢れる声のトーンです。

「信頼トーン」はビジネスで役立つ、落ち着いた声のトーンです。この人なら信頼できそう、この人を頼りたい、そんな気持ちにさせるトーンで、商談などで役立てられます。

これら二つの役立つ声のトーンは、どのようにして身に着けられるのでしょうか。その方法を独自に編み出したので、本書で特別にお教えします。

【幸せトーンの出し方・発声法】

幸せトーンの出し方は、簡単です。

◎口角を上げて、上方向に声を出す。

以上です。

具体的には、ニッコリ笑顔を作り、口角を引き上げます。口の端に力を入れてグッと口角を引っ張ってあげると口角は上がります。その上で、声を上の方に飛ばすことを意識して出すと、明るい幸せトーンの声が出ます。

声は上に！
にっこり笑顔
口角を引き上げて

【幸せトーンの訓練方法】

幸せトーンの声を日常的に出せるようになるための『笑顔発声法』というものを考案したので、ご紹介します。

①朝、目を覚ましたら、起き上がる前に「今日もいい一日」と心の中で呟きます。

②顔を洗い終わったら、鏡に映る自分の顔を見てニコッと笑いかけます。

③そして、そのまま「今日もいい一日」と口に出していってみましょう。
「いいいちにち」が全て「い段」なので、自然と口角が上がります。

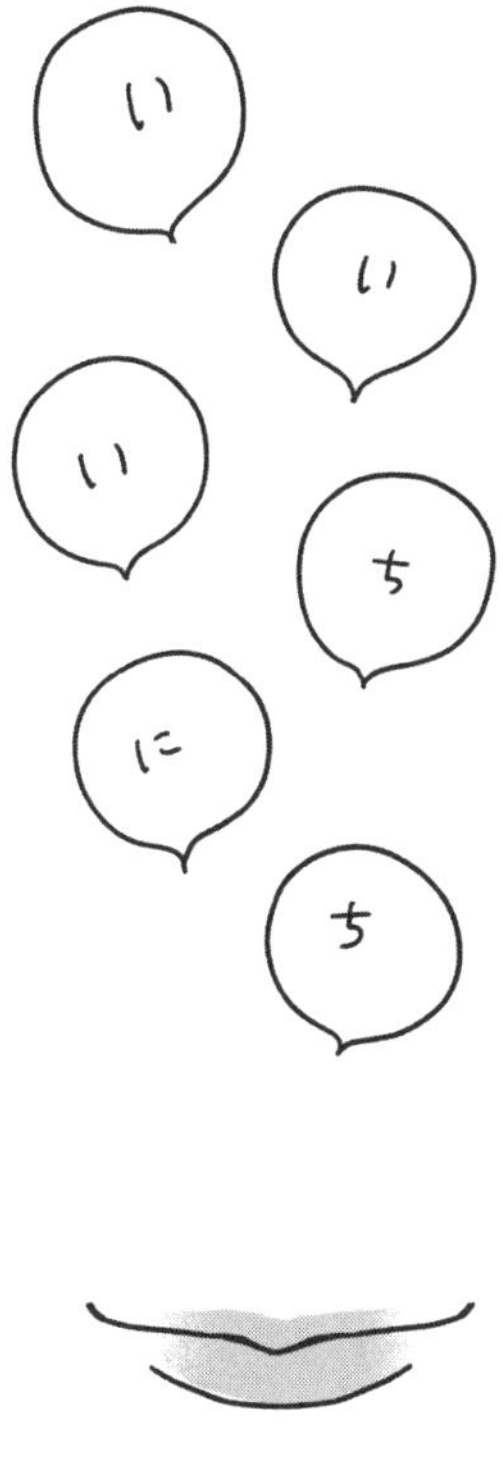

これを毎日続けることで、自然と声が明るくなっていきます。マインドも上向きになっていくので、幸せトーンの声を無理せず出せるようになっていきます。

【信頼トーンの出し方・発声法】

信頼トーンの出し方は、少し難しいです。

◎口角は下げずにキープした状態で、普通に喋る。
◎ゆっくりと、ハッキリと喋る。
◎腹式呼吸で、お腹や胸に響かせるように話す。

こんな感じです。

ハキハキ
ゆっくり、
口角は
下げずにキープ
響かせる

口角を下げてしまうと、一気に声のトーンが下がってしまうので、口角は「幸せトーン」のように上げる必要はないものの、下げずにキープすることを意識しましょう。早口でモゴモゴ喋ると、何を言いたいのか伝わらないだけでなく「焦り」や「自身の無さ」が滲み出ているように感じられてしまうため、ゆったりと抑揚をつけて堂々を喋ることがポイントです。さらに、腹式呼吸でお腹や胸に声を響かせることで、聞き手に安心感を与えます。

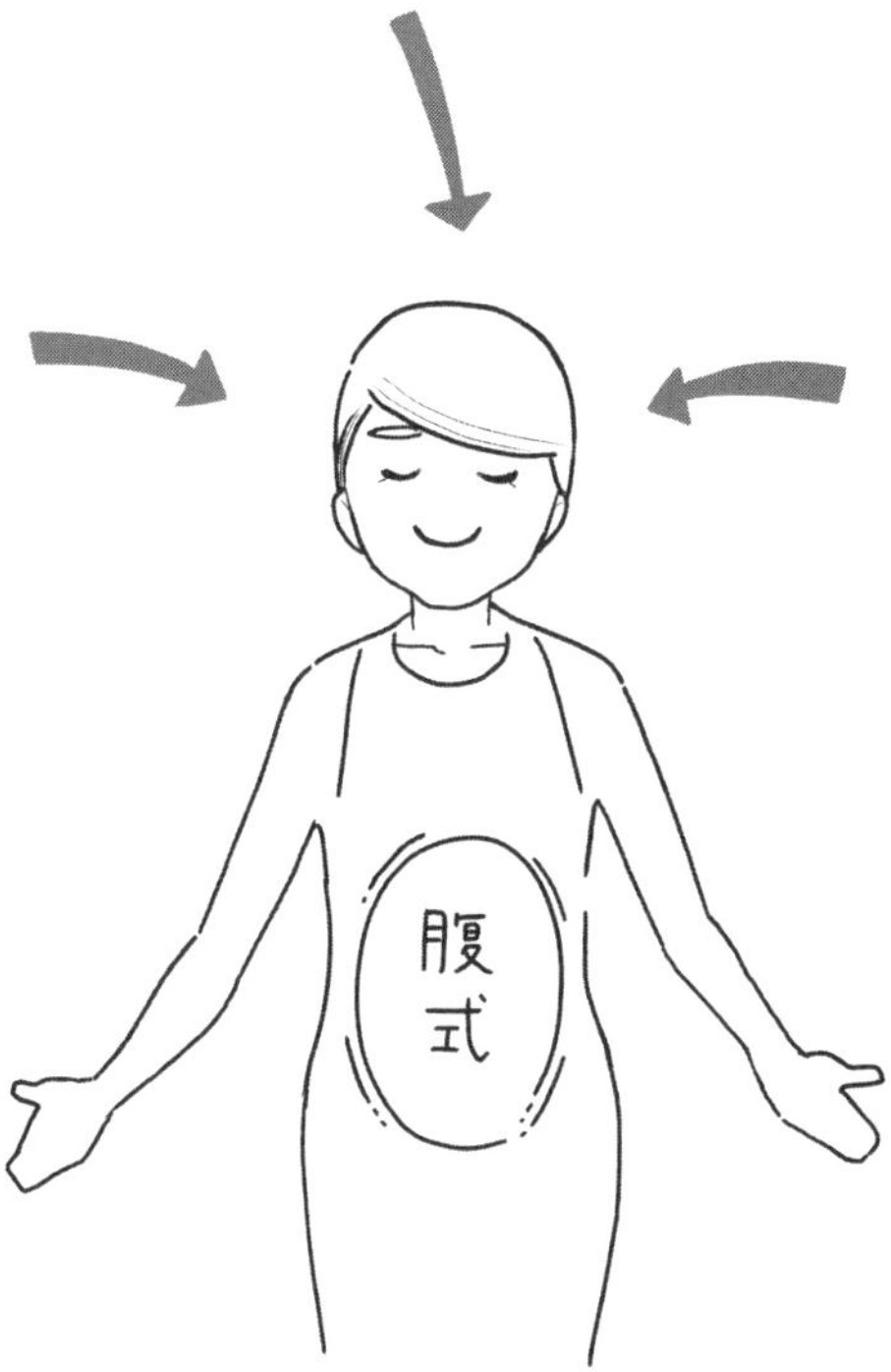
腹式

【信頼トーンの訓練方法】

【信頼トーンの訓練方法】

信頼トーンをビジネスシーンで使えるようになるための練習方法は、実は結構難しくて、本格的に学びたい場合は私が主催する「声とことばの学校」で教えていますので、ぜひ受講してください。

ここでは、簡単にできる『発声ウォーミングアップエクササイズ』をご紹介します。

①足を肩幅に開き、リラックスして立ってください。

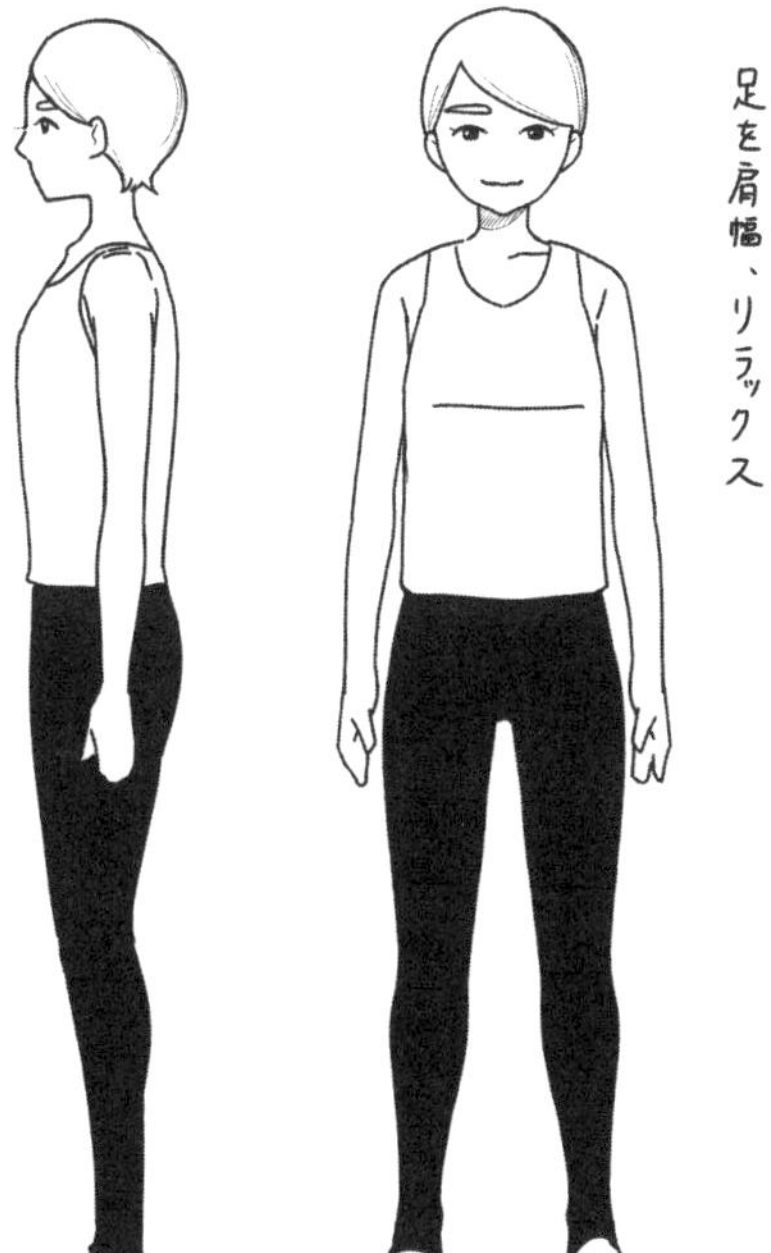

②腕をまっすぐ上に伸ばして深呼吸。これを3，4回繰り返します。

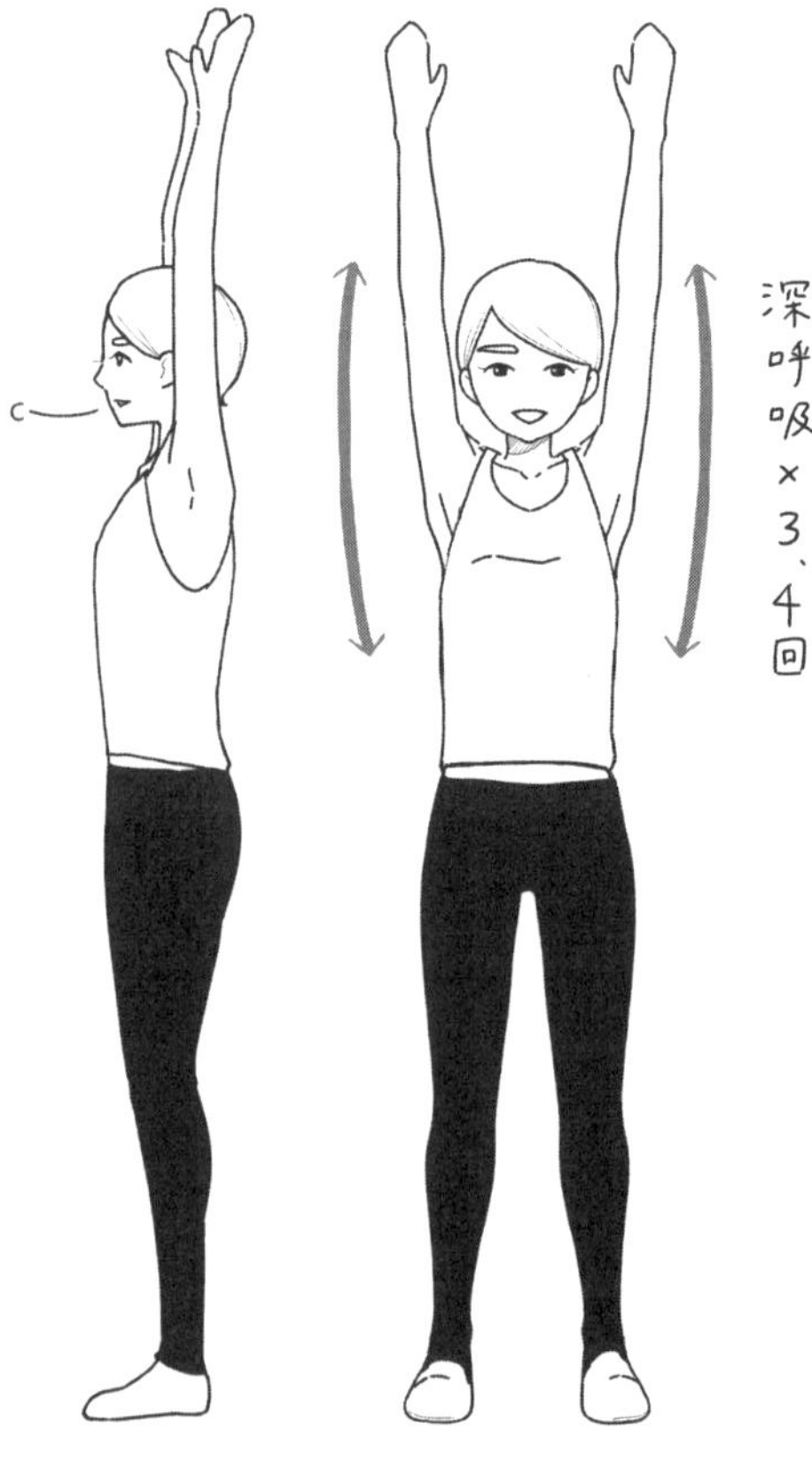

③手のひらを下にして両肘を外側に曲げ胸の高さで床と平行にします。

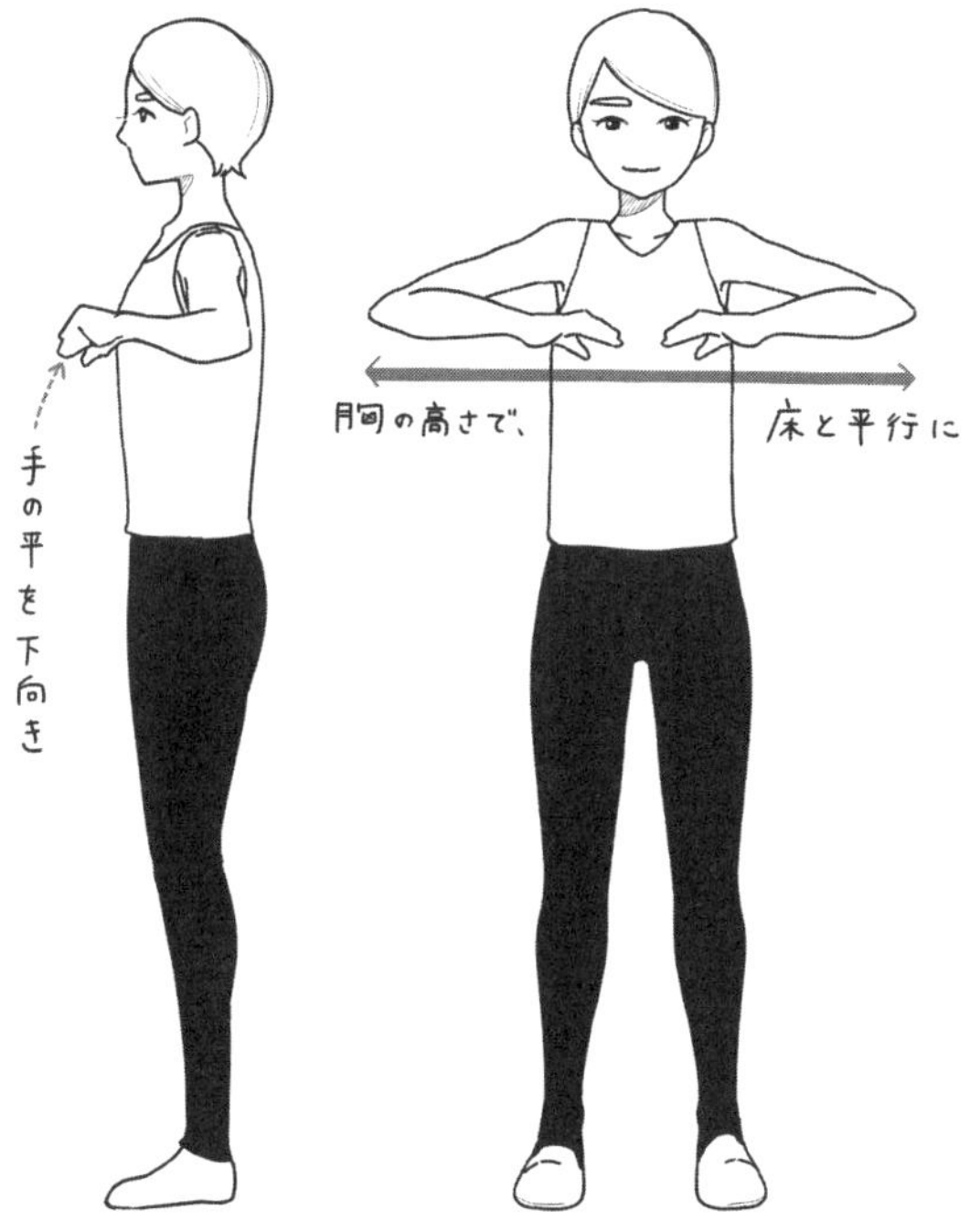

④口をポカンと開けてください。

⑤腕の形はそのままで、上半身を左右にゆっくり回します。
これを数回繰り返します。

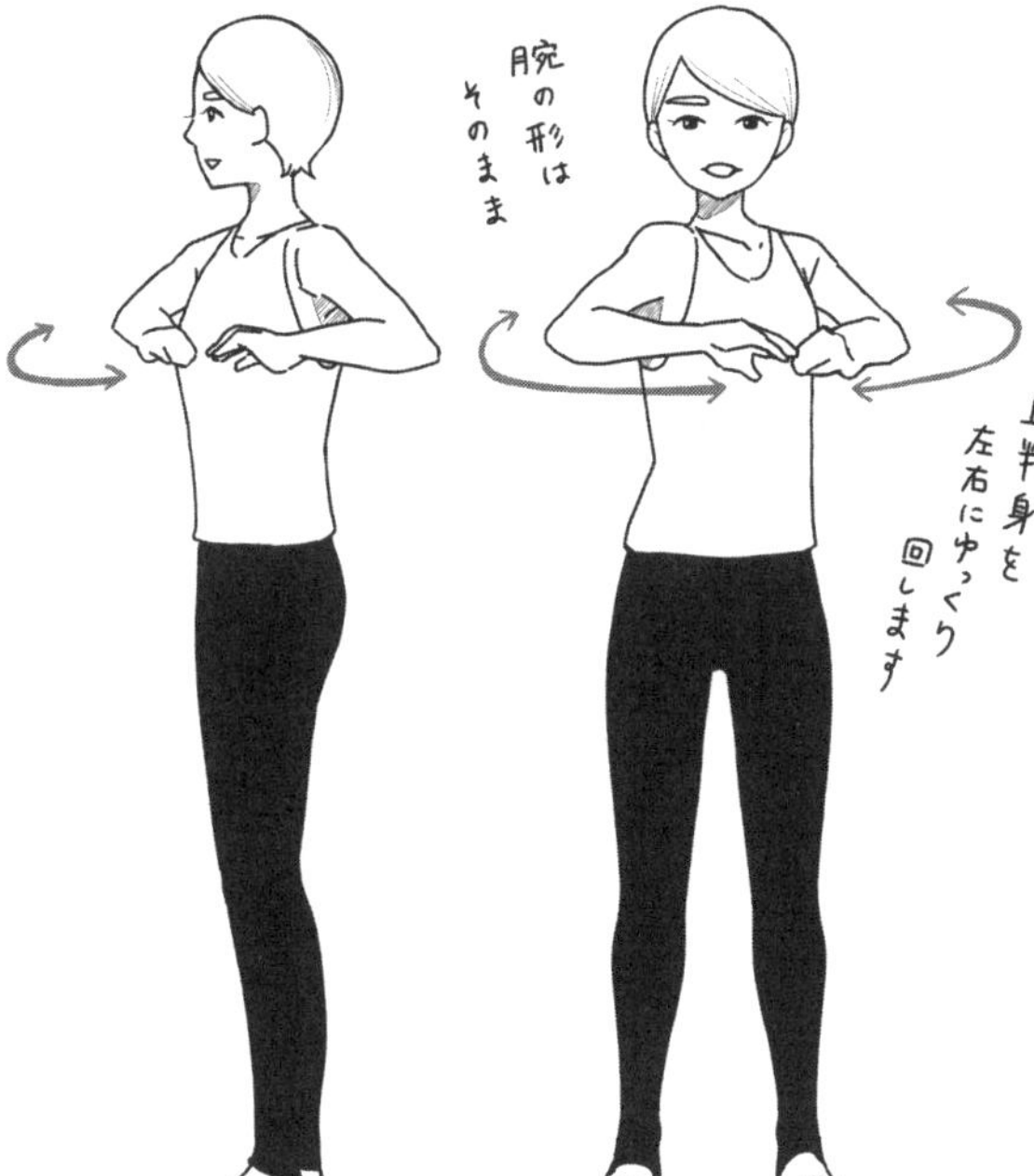
腕の形はそのまま
上半身を左右にゆっくり回します

⑥この時、顔は正面を向いたままからだの軸をしっかり保ちます。

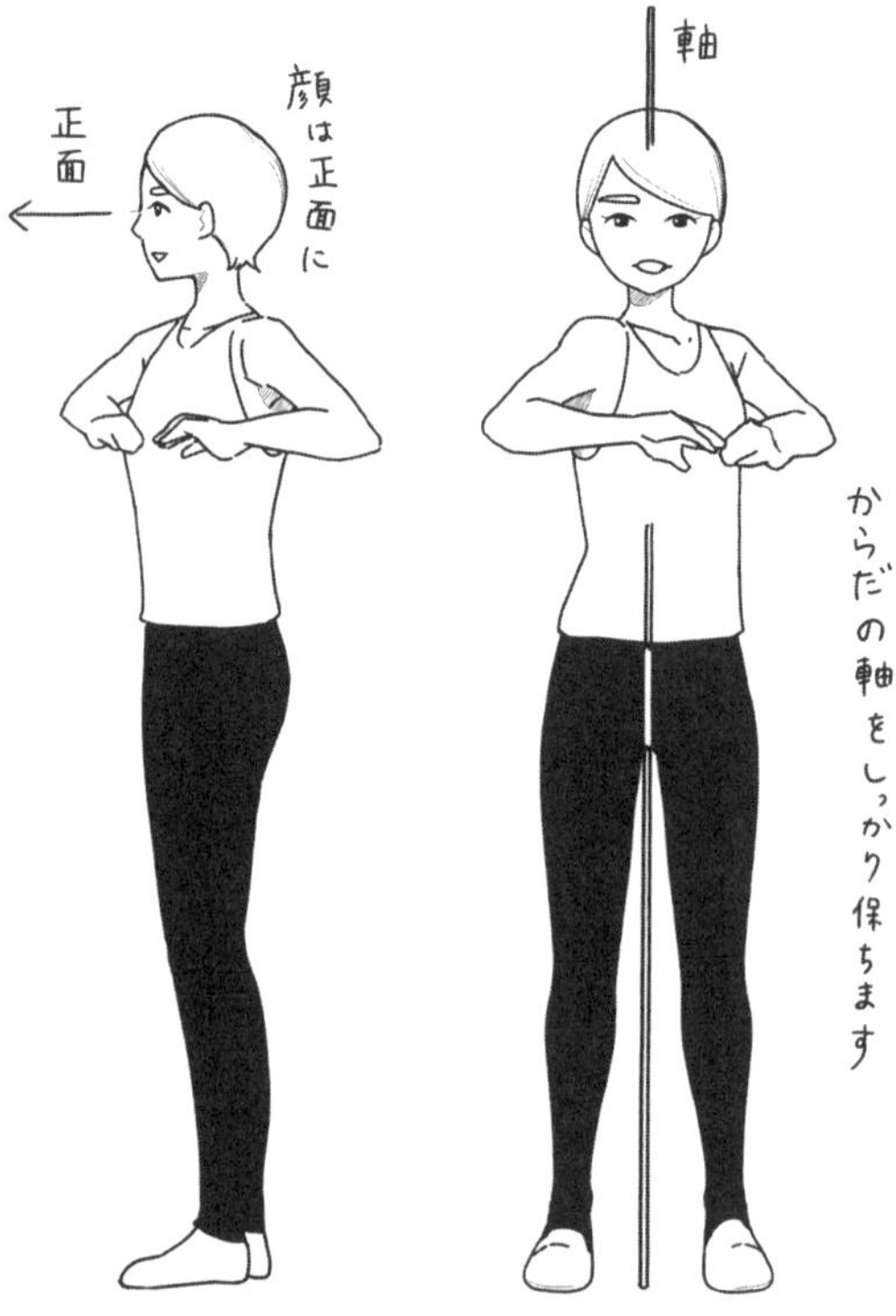
正面
顔は正面に
軸
からだの軸をしっかり保ちます

からだをリラックスさせ安定した声が出しやすくなります。ぜひ試してみてください。

あとがき

言葉を正しく、美しく扱えれば、この人の魅力がもっと伝わるのに。

そんな風に思うことが多々あります。私自身、長年アナウンサーとして働いてきたことから、言葉に敏感になっているだけなのかな、と思っていましたが、実際、言葉が残念な人は「残念な人」という風に見られがちです。その人のことをよく知れば「良いところがいっぱいある人なのに」「魅力的な人なのに」と評価されるのに、言葉がその人の魅力や人格をマイナスに見せてしまっているのです。言葉遣いは、言うなれば「目に見えない身なり」であり、言葉遣いにより、その人のイメージがついてしまうと言っても過言ではありません。

言葉を扱うのが苦手な人が増えている現代の日本において、もっとたくさんの人に言葉の使い方、言葉の使いこなし方を知ってほしいと思い、本書を執筆しました。

言葉を変えることは、すなわち思考やマインドを変えることです。いつもマイナスなことしか言わないでいると、気持ちもマイナス方向へと落ちていってしまいますが、言葉をポジティブに変えるだけで、気持ちも上向きになります。

たかが言葉とあなどらず、自分が発する言葉をもっと大切に、もっと磨いてほしいな、と思っています。

本書に書いてあることを参考に、ご自身の言葉や内面、行動、思考パターンなどと向き合ってみた先に、明るい未来を思い描けることを願っています。

末筆とはなりますが、出版に際し多大なるお力添えをいただきました皆々様に心より御礼申し上げ、ご挨拶とさせていただきます。

沼尾　ひろ子

著者プロフィール

沼尾ひろ子

Hiroko Numao

アナウンサー、司会者、タレント
「ひるおび！」「ブロードキャスター」「２時ッチャオ！」「ジャスト」(TBS)「吉田照美のやる気 MANMAN」(QR) 等の放送番組を三十余年に渡り担当。
2006 年突然脳梗塞に見舞われ失語症となったが懸命のことばのトレーニングを経て放送業界に復帰。
2017 年日本脳卒中協会サノフィ賞を受賞。

運も縁も引き寄せる言葉の魔法

２０２４年４月２９日　初版第１刷発行

著　　者　　沼尾ひろ子
発 行 者　　寺西一浩

発 行 所　　HP 出版
〒169-0072　東京都新宿区大久保 3-8-3-3514
電話 : 03-3209-8377
human.pictures2020@gmail.com
https://humanpictures2022.com/

発　　売　　サンクチュアリ出版
〒113-0023　東京都文京区向丘 2-14-9
電話 : 03-5834-2507 FAX : 03-5834-2508

印　　刷　　シナノ書籍印刷株式会社
デザイン　　書籍つくる

定価、およびISBNコードはカバーに記載してあります。